Erik Junker

Auf der Durchreise

52 Ruhepausen für die Seele

Erik Junker

Auf der Durchreise

52 Ruhepausen für die Seele

Erik Junker
Auf der Durchreise
52 Ruhepausen für die Seele

Bestell-Nr. 271.129
ISBN 978-3-86353-129-4
Soweit nicht anders vermerkt,
wurde die folgende Bibelübersetzung verwendet:
Revidierte Elberfelder Bibel © 1985/1991/2008
SCM R.Brockhaus im SCM-Verlag GmbH & Co. KG, Witten

Darüber hinaus wurden die folgenden Übersetzungen verwendet:
NeÜ bibel.heute, © 2010 Karl-Heinz Vanheiden, www.kh-vanheiden.de,
Alle Rechte vorbehalten (mit * gekennzeichnet)
Die Bibel nach der Übersetzung Martin Luthers in der revidierten Fassung
von 1912 (mit ° gekennzeichnet)
Die Bibel nach der Übersetzung Martin Luthers in der revidierten Fassung
von 1984. Durchgesehene Ausgabe in neuer Rechtschreibung.© 1984
Deutsche Bibelgesellschaft, Stuttgart (mit ˙ gekennzeichnet)
Hoffnung für alle (mit ◊ gekennzeichnet)

1. Auflage
© 2015 Christliche Verlagsgesellschaft Dillenburg
www.cv-dillenburg.de
Umschlaggestaltung und Satz: Christliche Verlagsgesellschaft Dillenburg
Quelle Umschlagmotiv: © Dudarev Mikhail/Shutterstock.com
Bildquellen Innenteil: siehe S. 127 f.
Druck: BasseDruck, Hagen
Printed in Hungary

Inhalt

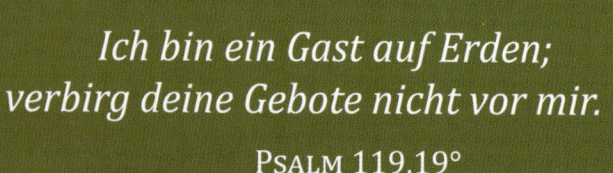

Ich bin ein Gast auf Erden;
verbirg deine Gebote nicht vor mir.

Psalm 119,19°

... auf der Durchreise

DURCHREISE

Mit Akkubohrer und Werkzeugkasten bewaffnet steht mein Nachbar auf dem Hof. Er wird dafür sorgen, dass die 107 x 33 cm große Holzplatte an der Vorderseite unseres Hauses festgedübelt wird. Für ihn ist das ein Leichtes. In wenigen Minuten ist sein Werk getan. Jetzt stehen wir mit verschränkten Armen vor dem Schild und betrachten es. Jeder auf seine Weise und mit seinem eigenen Blickwinkel. Die Frakturschrift ist in das Holzbrett eingebrannt: „… auf der Durchreise".

„Mmh", meint mein Nachbar augenzwinkernd, „ich habe extra kurze Schrauben benutzt, damit wir es leicht wieder abnehmen können, wenn ihr woanders hin zieht".

Es ist uns bewusst: Wir haben nur Gaststatus auf der Erde. Wir werden nicht für immer in dieser Welt bleiben. Das Leben ist kurz und wir wollen es genießen. Gesundheit und Glück möchten wir festhalten. Lebenssinn und wirkliche Erfüllung suchen wir. Doch was bleibt? Gott gibt uns in der Bibel eine echte Zukunftserwartung. Sie geht weit über das jetzige Leben hinaus.

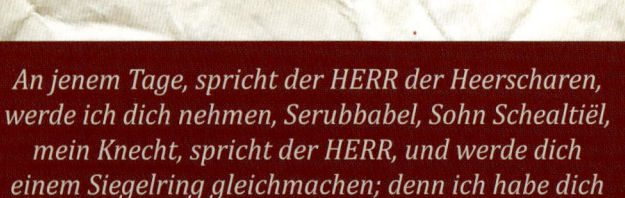

An jenem Tage, spricht der HERR der Heerscharen, werde ich dich nehmen, Serubbabel, Sohn Schealtiël, mein Knecht, spricht der HERR, und werde dich einem Siegelring gleichmachen; denn ich habe dich erwählt, spricht der HERR der Heerscharen.

HAGGAI 2,23

SIEGELRING

Ein Siegelring war im Altertum ein Ring, mit dem die Vornehmen und besser gestellten Leute unter einen Brief in den Siegellack einen Abdruck fertigten. Der Siegelring diente zur Beglaubigung eines Dokuments, ähnlich wie heute eine Unterschrift. Das Gewaltige aber ist, dass Gott nicht sagt: „Ich bin dein Siegelring", sondern, dass der Ring sich an der Hand Gottes befindet. Gott verliert diesen Ring niemals. Diese Verheißung galt damals Serubbabel, der eine schwere Aufgabe hatte. Darüber hinaus gilt, dass Gott für jeden Einzelnen wirklich einen Weg und eine Verheißung hat. Und vielleicht sagt Gott dir heute: „Ich will dich einem Siegelring gleichmachen; denn ich habe dich erwählt. Sei du mein Knecht. Schaue du zu, wie ich dich führe und mit dir zum Ziel komme!"

*Aber nun, HERR, du bist unser Vater;
wir sind der Ton, du bist der Töpfer;
und wir alle sind deiner Hände Werk.*

Jesaja 64,7°

TONGEFÄSS

In meinem Leben gab es Zeiten, die nicht einfach waren. Es schien so, als ob mein Leben wie ein Tongefäß zerbrechen würde. Gott gab mir die innere Gewissheit und Zusicherung: Ich halte dich. Du bist mein Werk bis in alle Ewigkeit. So entstand folgendes Gedicht:

1
Meister, forme du mein Leben,
bin in deiner Hand wie Ton.
Drehe du die Töpferscheibe
in deinem Rhythmus läuft sie schon.

Refrain
Eines Tages formvollendet, das ist mein Gebet;
hältst du mich in deinen Händen,
hältst mich fest in Ewigkeit.
Halt mich fest! Halt mich fest!

2

Meister, deine zarten Hände –
sie berühren all mein Sein,
und es rinnen deine Worte
tiefer in mein Herz hinein.

3

Meister, in mir wohnt nichts Gutes.
Meine Sünden wiegen schwer,
mein Gewissen ist belastet,
meine Schuld quält mich so sehr.

(Refrain)

4

Jesus, ich seh deine Hände,
die am Kreuze ausgestreckt
und dein Blut hat wirklich alles
ganz und völlig zugedeckt.

5

Meister, fülle meine Seele
voll mit deines Geistesflut,
sie soll ständig durch mich strömen,
denn nur so wird alles gut.

6
Meister, mein zerbrochnes Leben,
das gestalte du allein.
Ein Gefäß zu deiner Ehre
kann ich durch dich selbst nur sein.

(Refrain)

Erik Junker

Der Herr sagt: „Den ganzen Tag habe ich meine Hände nach einem Volk ausgestreckt, das ungehorsam und widerspenstig ist."

RÖMER 10,21*

VATERLIEBE

Sie waren im Streit auseinandergegangen. Der unglückliche Vater ließ in seiner Unruhe in einer großen spanischen Zeitung folgende Annonce abdrucken: „Paco, komm am Dienstagnachmittag ins Hotel Montana. Es ist alles vergeben. Dein Papa."

Am Dienstag kam Paco und mit ihm noch ca. 800 weitere junge Männer gleichen Namens in das Hotel. Sie alle wollten zu ihrem Papa, der ihnen vergeben hatte.

So ist Gott. Sein Vaterherz blutet und voller Sehnsucht wartet er auf das Zurückkommen seines weggelaufenen Kindes. Der himmlische Vater läuft ihm in wunderbarer Liebe entgegen und er breitet seine Arme nach dem verlorenen Sohn und der verlorenen Tochter aus. Er schließt seine starken Arme um sein schwaches Kind und drückt es sachte und dennoch fest an sich. Ohne Worte drückt diese Geste aus: „Herzlich willkommen zu Hause, es ist alles vergeben."

*Halte fest, was du hast,
damit niemand deinen Ehrenkranz
nimmt!*

OFFENBARUNG 3,11*

Belohnung

Wenn wir nur auf unser irdisches Leben sehen, wenn wir nur darauf bedacht sind, uns für diese Erde „unvergesslich" zu machen, wenn wir nur „fromm" sind, damit wir hier von Gott gesegnet werden, wenn wir glauben, dass die Verheißungen Gottes nur heute, jetzt und hier in Erfüllung gehen, sind wir leider auf dem Holzweg. Dann haben wir noch nicht begriffen und ergriffen, was „Trachtet nach dem Reich Gottes..." oder „Sinnt nach dem, was droben ist ..." heißt.

Der beste und sicherste Lohn ist nicht dieses und jenes hier auf der Erde, wo Rost und Motten es fressen und dabei satt werden. Bedenken wir, dass der beste und sicherste Lohn noch nicht einmal unsere Belohnung am Preisrichterstuhl Christi ist. Der beste Lohn sind nicht die Kronen, sondern Gott selbst. Nicht unsere Vorstellungen von Bezahlung sind entscheidend, sondern Gott ist die beste und höchste Besoldung. Verhandlungen darüber zu führen ist völlig sinnlos. Er will unser Lohn sein! Er gibt uns, wenn es nötig ist, noch etwas dazu. Doch wer IHN hat ... – was hat der sonst noch nötig?

Ich bin gekommen,
dass sie das Leben
und volle Genüge haben sollen.

JOHANNES 10,10°

Genügsamkeit

„Wären die Menschen mit ihrem Trageesel immer zufrieden gewesen, hätten sie nie ein Lastauto erfunden", so schrieb jemand.

Wir hoffen stets, dass sich unser Leben und unsere Umgebung verbessern. Jede Errungenschaft, jede Erfindung, jede Erneuerung soll uns vorantreiben. Wir streben nach höheren Zielen und Werten. Wir wollen Geld, Macht und vor allem Zeit gewinnen. Wir denken, wenn wir nur clever genug sind, öffnen sich Tore und Türen für eine glorreiche und zufriedene Zukunft.

Trotz allem ist Genügsamkeit angesagt. In unserer Zeit muss Zeit bleiben, dass wir uns an dem Guten und weniger Guten wirklich genügen lassen. Denn erst dann können wir zu neuen Ufern aufbrechen.

*Durch ihn [Jesus] wurden wir freigekauft –
um den Preis seines Blutes –,
und in ihm sind uns alle Vergehen vergeben.
Das verdanken wir allein
Gottes unermesslich großer Gnade.*

EPHESER 1,7*

GNADENMEER

Eine ärmliche Frau sieht zum ersten Mal das Meer. Mit ergriffener und andächtiger Stimme sagt sie zu sich selbst: „Endlich seh ich etwas, wovon wirklich genug vorhanden ist." Gottes Gnade ist noch erstaunlicher; sie ist tiefer und weiter als der endlose Ozean. Wir dürfen anbeten und überwältigt sein, dass Gottes Gnade uns in Jesus Christus geschenkt worden ist.

Jemand hat eine Facette von Gottes Gnade einmal so definiert: „Gott nimmt an dein Elend." Die Anfangsbuchstaben dieses Zitates ergeben das Wort „Gnade". Dieses Geschenk Gottes darf ich täglich neu erleben.

Im Laufe meines Lebens da ging es kreuz und quer;
mein Herz war voll von Sehnsucht
und manchmal war es leer.
Aus grenzenloser Gnade nahmst du mich an
und schenkst mir echte Liebe,
die kaum ich fassen kann.
Vergebung meiner Sünde, Erbarmung gabst du mir,
und ließt mich Frieden finden, o Herr, ich danke dir.

Erik Junker

Und Elia [...] sagte zu Ahab:
So wahr der HERR, der Gott Israels lebt,
vor dem ich stehe, wenn es in diesen Jahren
Tau und Regen geben wird,
es sei denn auf mein Wort!

1. KÖNIGE 17,1

Martin Luther.

ENTSCHLOSSENHEIT

Samaria 874 v. Chr.: Der Prophet Elia kommt voller Entschlossenheit in den Palast Ahabs und schleudert ihm die Worte des Gerichts entgegen. Unmissverständlich erklärt Elia, dass der Herr Gott ist, und dass er selbst vor diesem Gott steht.

Worms 1521: Der Reformator Martin Luther ist zum Reichstag geladen. Er soll seine ketzerischen Schriften widerrufen. Fest entschlossen, dies nicht zu tun, reist Luther nach Worms. Am Ende seiner dortigen Rede unterstreicht er seine Überzeugung: „Hier stehe ich, ich kann nicht anders, Gott helfe mir. Amen."

Irgendwo – heute: Wir staunen über die Courage und das Bekenntnis von Menschen, die es wagen, einen festen Standort in einer gottfeindlichen Welt einzunehmen. Woher nehmen sie die Kraft zu solcher Überzeugung? Es wird schnell klar: Sie stehen vor dem Herrn!

Elia und Luther konnten nur etwas ausrichten, weil sie an der Quelle waren. Die Kraft kommt aus dem stillen Umgang mit dem Herrn. Diese Stille ist immer Kraft- und Zeitgewinn.

*Denn der Buchstabe tötet,
der Geist aber macht lebendig.*

2. KORINTHER 3,6B

LEBENDIG

C. H. Spurgeon sagte einmal: „Der Heilige Geist ist absolut nötig, damit alles, was wir tun, lebendig ist. Wir sind die Sämänner, doch wenn wir toten Samen pflanzen, wird es keine Ernte geben. Wie viel Gemeindearbeit gibt es doch, die nicht mehr ist als die Bewegung eines unter Strom gesetzten Leichnams. Wie viel geschieht so, als sei die Gemeinde Teil einer Maschine. Wir können predigen, beten, lehren wie Maschinen. Die Menschen können mechanisch spenden und zur Abendmahlstafel kommen. Ja, wir werden es genauso machen, es sei denn, der Geist Gottes ist bei uns. Wenn der Geist Gottes nicht da ist, wird alles, was die Gemeinde tut, leblos sein wie das Rauschen des Laubs auf einem Grab, wie eine Totenversammlung, die sich in ihrer Gruft umdreht."

Ernste und harte Worte, aber sie treffen mein Innerstes. Ich will mir von dem Herrn der Gemeinde erbitten, dass ich kein Teil einer intellektuellen Gemeindemaschine werde, sondern Glied eines lebendigen Gemeinde-Leibes bleibe, der gesteuert wird vom Haupt selbst: Jesus Christus.

*Sie sahen etwas, das wie Feuerzungen aussah,
sich zerteilte und sich auf jeden Einzelnen
von ihnen setzte.*

Apostelgeschichte 2,3*

FEUERKRAFT

Jesus will keine stumme Kirche, er möchte keine Gemeinde, die kopfschüttelnd oder kopfnickend durch die Welt schleicht. Jesus wünscht sich eine sprechende Kirche, die nicht mit Löschkraft hantiert, sondern mit Feuerkraft seinen Namen proklamiert. Jesus entsendet Brandstifter, die das Feuer seiner Gnade und Liebe entzünden und weitertragen bis ans Ende der Welt und Zeit. Er fördert das Feuer und nicht die Feuerwehr.

Zu Pfingsten sandte er 120 Menschen Feuerzungen. Sie lassen uns erkennen, dass jeder Christ ganz persönlich erwählt und gemeint ist. Sie waren nicht erschienen, um zu verletzen oder zu verbrennen. Sie loderten um die Menschen herum, lösten die stummen Lippen und gaben den Zungen Vollmacht, von den großen Taten Gottes zu erzählen.

Göttliches Feuer von oben, rühr meine Zunge nun an,
dass ich den Heiland kann loben,
der so viel für mich getan!

Erik Junker

29

*Durch Demut achte einer
den andern höher denn sich selbst.*

PHILIPPER 2,3b°

Ichbezogenheit

„Jeder denkt an sich, nur ich, ich denk an mich." Jeder hält sich für den Nabel der Welt. Alles muss sich um einen selbst drehen. Das fängt schon beim Frühstück an: Dem einen ist das gekochte Ei zu weich, dem anderen zu hart, trotz des supermodernen elektrischen Eierkochers, den wir Mama neulich zum Muttertag beschert haben. Und so geht es weiter, den lieben langen Tag hindurch.

Jörg Swoboda hat recht, wenn er singt: „Erst komm ich und dann komm ich! Pausenlos geht es um mich! Was mich aus dem Strudel reißt, ist, Herr, dein Geist."

Es nützt überhaupt nichts, wenn wir darauf warten, dass der andere zuerst von seinem hohen Ross heruntersteigt. Wir werden selbst herausgefordert und wir dürfen uns drei Worte gut merken und sie leben: „Ich verlasse mich!"

*Redet nicht schlecht
übereinander, Brüder!*

Jakobus 4,11a

SÜNDENERKENNTNIS

„Hast du schon gehört …?“ – „Der und der hat das und das gemacht.“ –„Das hätte ich dem doch nicht zugetraut.“ – „Der ist bei mir auf jeden Fall unten durch.“

Sei´s drum. Halten wir den Atem an: Wer sich immer über die Sünden anderer auslässt, verrät, dass sein eigener Glaube keinen Tiefgang hat. Der Blick ins eigene Herz und der Geschmack auf der eigenen Zunge holen uns hoffentlich stets rechtzeitig in unsere reale Welt zurück. Schuld und Sünde dürfen wir nicht verharmlosen. Dem Sünder jedoch sollten wir unsere Arme entgegenstrecken, um ihn aus der Schlammgrube herauszuziehen. Und wir selbst dürfen uns genauso helfen lassen. Lassen wir doch beides heute zu.

Zeig mir den Weg,
 den ich gehen soll,
denn auf dich richte ich meinen Sinn.

Psalm 143,8*

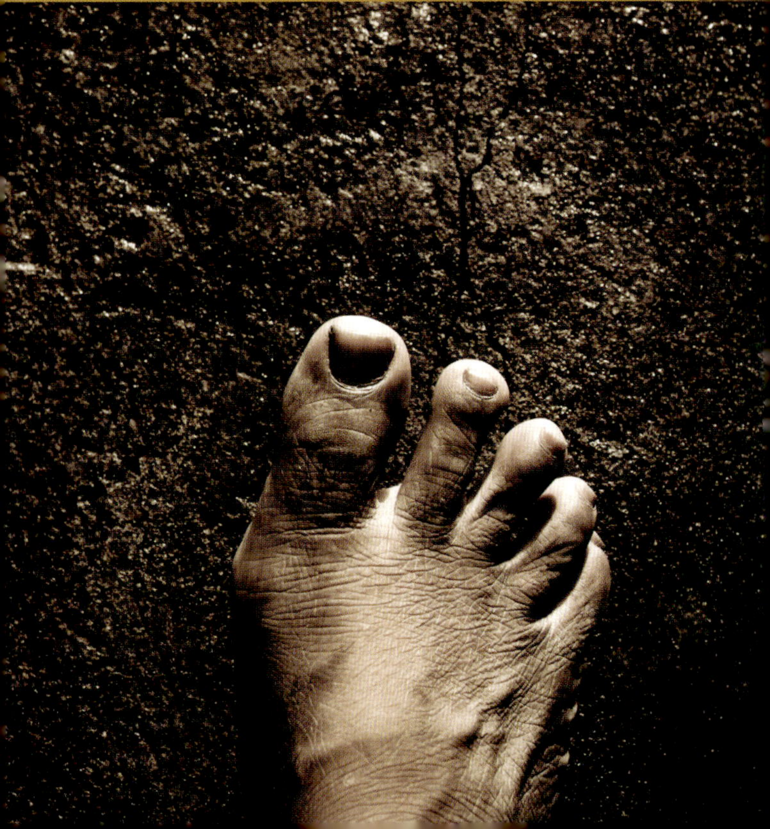

AUFBRUCH

Im Auftrag einer Schuhfirma wird ein Mann in einen abgelegenen Teil Afrikas entsandt. Kurze Zeit später kehrt er mutlos und enttäuscht zurück. Er klagt seinem Chef: „Warum haben Sie mich bloß in diese Gegend geschickt? Kein Mensch trägt dort Schuhe." Nach einer Weile wird erneut ein junger Verkäufer in dieses Gebiet gesandt. Wenige Stunden nach seiner Ankunft telegrafiert er an seinen Chef: „Bitte sofort 10.000 Paar Schuhe senden! Niemand trägt hier Schuhe."

Die Umstände des Lebens können uns blenden oder uns eine Gelegenheit geben, das Leben zu verändern. Wir können im Nebel der Enttäuschungen ziellos herumirren oder kreativ darauf warten, dass die Sonne die Nebelwand durchbricht. Wir können immer weiter unseren ganz normalen Alltagstrott leben oder mit André Gide sagen: „Man entdeckt keine neuen Erdteile, wenn man nicht den Mut hat, alte Küsten aus den Augen zu verlieren."

Wer dem Herrn vertraut, der kann zu neuen Ufern aufbrechen.

*Denn ich schäme mich
des Evangeliums nicht,
ist es doch Gottes Kraft
zum Heil jedem Glaubenden.*

ROMER 1,16

EVANGELISATIONSARBEIT

Elias Schrenk (1831-1913) veranstaltete seit 1884 erste Evangelisationsversuche in größeren deutschen Städten. Bis ins hohe Alter war er als freier Evangelist in Deutschland tätig. Er nannte drei Ziele für seine Evangelisationsarbeit: 1. die Stärkung der Glaubenden gegenüber den Gefahren der Zeit; 2. die Rettung von Sündern; 3. die Erhaltung des lauteren Evangeliums in der evangelischen Kirche (sprich: Gemeinde).

Seine Erweckungspredigten zielten auf die Bekehrung des Sünders und auf die persönliche, lebendige Erfassung des Heils in dem gekreuzigten und auferstandenen Christus. Die Hörer seiner Predigten sollten ihres Heils gewiss werden und zum Dienst in der Gemeinde ermutigt und befähigt werden.

Genau das ist es doch, was wir in unserer Zeit und in unserer Generation neu entdecken und ausleben sollten. Die Sehnsucht nach Stärkung im Glaubensleben, die Errettung aus der Sünde, die Erhaltung des ganzen Evangeliums in der Gemeinde und die Gewissheit des Heils in Christus.

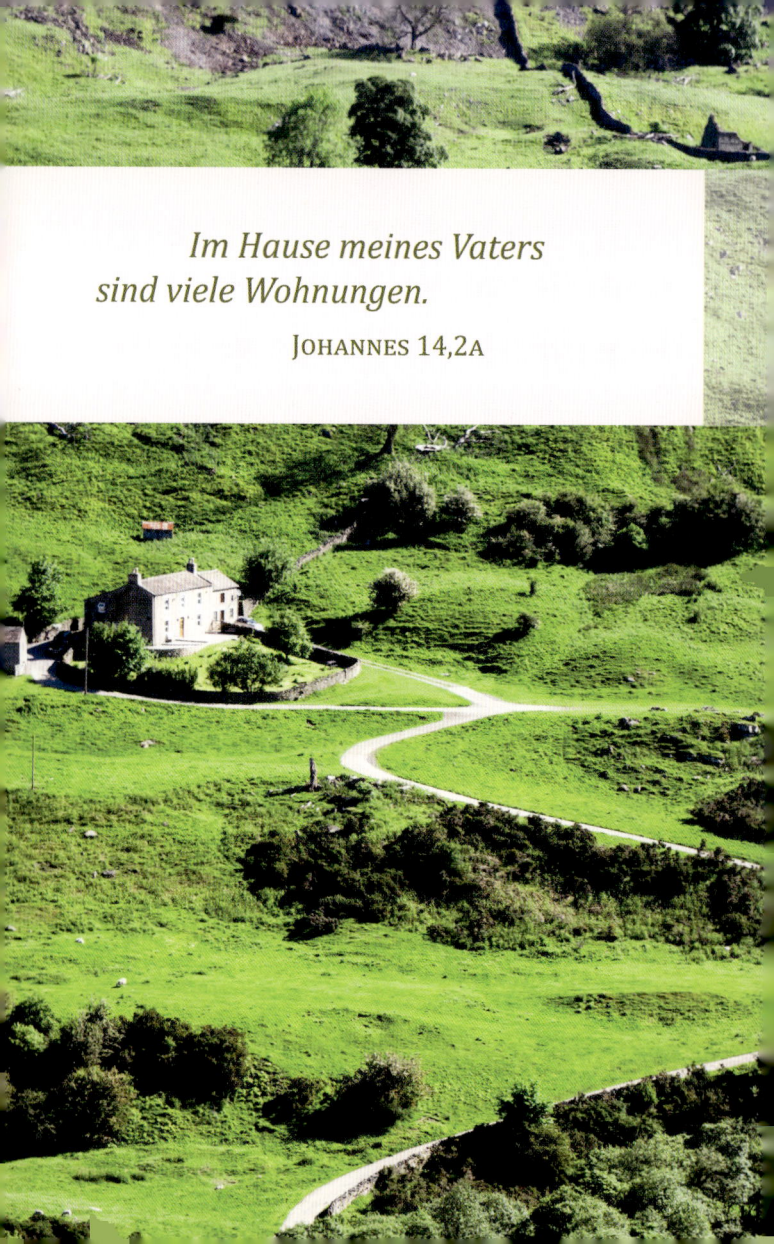

*Im Hause meines Vaters
sind viele Wohnungen.*

Johannes 14,2a

VATERHAUS

Neulich ging mir eine Liedzeile durch Kopf und Herz: „Es geht nach Haus zum Vaterhaus, wer weiß, vielleicht schon morgen." Wie ging das Lied nur weiter? Die Suche begann, das Stöbern in Liederbüchern verschiedener Art. Nichts. Dann der rettende Gedanke: Google. Tatsächlich: Zwei Treffer. Aber mehr als das, was ich schon wusste, war's auch nicht. Hmm. Da! Eine Telefonnummer. Ich nahm meinen ganzen Mut zusammen und telefonierte mit einem älteren Pastor aus Süddeutschland. Er faxte mir sofort das komplette Lied zu und erzählte mir eine bewegende Geschichte:

Ein junger Mann verunglückte tödlich mit seinem Motorrad. Die Polizisten fanden einen Zettel in seiner Jackentasche und staunten über den Inhalt: „Es geht nach Haus ..." Daraufhin beschlossen sie, an der Beerdigung teilzunehmen. Überrascht und beeindruckt hörten sie den Chor dort singen: „Es geht nach Haus zum Vaterhaus, wer weiß, vielleicht schon morgen; vorbei, mein Herz, ist dann der Schmerz und weg sind Sünd und Sorgen. Es geht nach Haus, wer weiß, vielleicht schon heute!"

*Da fiel Abram auf sein Angesicht,
und Gott redete mit ihm.*

1. Mose 17,3a

Gebetsform

Es ist nicht zu begreifen. Auf der einen Seite sehen wir im Leben von Abraham Unterwerfung und Ehrfurcht vor Gott. Er drückt es dadurch aus, dass er auf sein Angesicht fällt und den lebendigen Gott anbetet. Und auf der anderen Seite lesen wir wenige Verse später in 1. Mose 17,17: „Da fiel Abraham auf sein Angesicht und lachte und sprach in seinem Herzen: Sollte einem Hundertjährigen geboren werden, und sollte Sara, eine Neunzigjährige, etwa gebären?" Abrahams Eigenwille und Spott werden bei dieser Haltung überaus deutlich. Er traut Gott einfach nicht zu, dass er seine Verheißung erfüllt und ihm auf wundersame Weise einen Sohn schenkt.

Bedenken wir: Zweimal eine äußerlich gleiche Gebetsform, doch der Gebetsinhalt ist jeweils total anders! „Und ehrlich, Herr, ich habe mich ertappt, und ich bekenne dir, dass ich oft mit ‚gespaltener' Zunge bete. Vergib mir und lass mich aufrichtig werden vor dir."

*Denn wer unter euch, der einen Turm bauen will,
setzt sich nicht vorher hin
und berechnet die Kosten,
ob er das Nötige zur Ausführung habe?*

Lukas 14,28

SCHIEFLAGE

Über der Altstadt von Marburg ragt ein Kirchturm empor. Bei näherem Hinsehen erkennt man, dass der Turm schief ist. Der Erzählung nach hat sich der Bauherr von oben heruntergestürzt, als er das Malheur sah.

Wir mögen es nicht, wenn etwas in unserem Leben schiefgeht. Wir sind verärgert, wenn das, was wir getan haben, danebengegangen ist. Wir zweifeln an uns und klagen zudem Gott an. Wenn der Bauherr damals nur geahnt hätte, wie das mit seiner „Kirche" weiterging – er wäre sicherlich ein glücklicher Mann geworden. Denn der Turm steht seit über 700 Jahren. Und die Kirche ist mindestens einmal in der Woche brechend voll mit Menschen, die Gottes Wort hören wollen und die sich zur Anbetung dort versammeln. Dass der Turm schief ist, stört eigentlich niemanden.

Fürchte dich nicht, Abram!
Ich bin [...] dein sehr großer Lohn.

1. Mose 15,1°

Selbstlos

Aus reinem Herzen und aus Liebe zu Lot und sogar zu den „bösen" Leuten von Sodom und Gomorra war Abram damals losmarschiert, um zu retten, was zu retten war. Das tat er nicht aus Abenteuerlust heraus oder um seinen Machthunger zu stillen. Er zog nicht in den Kampf, um der Siegesbeute willen oder um großen Lohn zu empfangen. „Auch nicht einen Schuhriemen" wollte er für sich erobern.

Die obige Verheißung gilt Menschen, die ohne Belohnung und Bedingung glauben und nicht nach der Lebensphilosophie leben: „Gott, ich tue etwas für dich, halte die Gebote, bin gehorsam, bete viel, lese dein Wort, gehe zum Gottesdienst, bin fromm und gut. Also, Gott, dafür hätte ich gern eine nette Lehrerin, einen Motorroller, einen guten Beruf, eine hübsche Frau, Kinder, Haus und Hof." Wer so rechnet, hat das 1x1 des biblischen Glaubens noch nicht gelernt. Solch eine Rechnung wird in alle Ewigkeit niemals aufgehen! Wer so mit Gott umgeht, lästert ihn und seine Ehre.

Ich laufe nun so,
nicht wie ins Ungewisse.

1. KORINTHER 9,26A

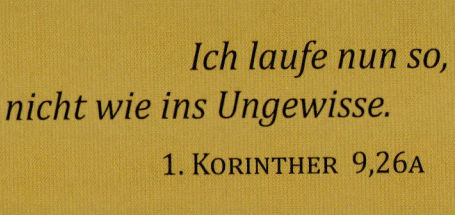

BESTMÖGLICH

Die Facebook-Nachricht kommt unerwartet. Meine 20-jährige Tochter fragt an, ob mir das Andachtsbuch von Oswald Chambers *Mein Äußerstes für sein Höchstes* bekannt ist. Freilich kenne ich das Buch mit den tiefsinnigen und geistlich scharfen Konturen. Selten hat mich ein Buchtitel derart angesprochen, inspiriert und motiviert. Oswald Chambers (1874–1917) war ein britischer Prediger und Bibellehrer. Er reiste im Auftrag des CVJM im ersten Weltkrieg nach Ägypten, um den dort stationierten Soldaten als Seelsorger zu dienen. An den Folgen eines Blinddarmdurchbruchs verstarb er überraschend. Seine Frau war eine ausgezeichnete Stenotypistin und notierte Predigten und Vorträge ihres Mannes. So entstand unter anderem das oben erwähnte Buch. Es zählt zu den weltweit bekanntesten christlichen Büchern. Jetzt betrachte ich das Büchlein mit seinem weinroten Plastikeinband und seinem goldfarbenen Titel „Mein Äußerstes für sein Höchstes". Ja, auch heute gilt: Mein Äußerstes für sein Höchstes.

[...] seid brennend im Geist!

RÖMER 12,11B*

BRENNEN

So richtig brennen für Jesus – das wünsche ich mir von Herzen. Ich weiß, wie schnell ich Feuer und Flamme für eine neue (fromme) Idee bin, aber ruckzuck ist es auch wieder gelöscht. Eine Begeisterungswelle hebt mich hoch und höher, und ehe ich mich versehe, ist sie verebbt. Ja, heute himmelhoch jauchzend und morgen zu Tode betrübt. So ist das, wenn ich ehrlich bin, leider auch in meiner Beziehung zu Jesus, meinem Herrn. Und ich seufze, wenn ich darüber nachdenke, dass in meinem Leben mit Jesus manchmal „Sparflamme" angesagt ist. Ich merke, dass ich viel zu viel Energie für ganz viele unwichtige (fromme) Dinge brauche. Deswegen: Bloßes Begeisterungs- und Sparflammenchristsein bringt mich nicht weiter. Aber ich möchte mich anstecken lassen und begeistert sein für Jesus. Dazu benötige ich die Kraft des Heiligen Geistes. Ohne ihn funktioniert es nicht. „Herr, sende doch deine Kraft – gerade jetzt!"

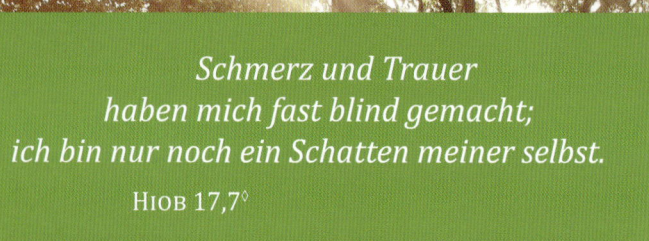

*Schmerz und Trauer
haben mich fast blind gemacht;
ich bin nur noch ein Schatten meiner selbst.*

Hiob 17,7°

Kreuzweg

Es ist still geworden. Trauer und Schmerz über den Verlust eines Menschen, der uns lieb war, breiten sich in der Seele aus. Plötzlich ist es einsam. Die Traurigkeit legt sich wie ein Nebel über uns und uns wird bewusst: „Den eigenen Tod, den stirbt man nur, doch mit dem Tod der anderen muss man leben" (Mascha Kaléko). Wir erahnen diese Lebensweisheit und müssen dennoch durchbuchstabieren und bejahen, was Gott für uns bereithält.

Der zeitgenössische Liedermacher Reinhard Mey bringt diese ganze Situation auf den Punkt: „Allein. Wir sind allein, wir kommen und gehen ganz allein. Wir mögen noch so sehr geliebt, von Zuneigung umgeben sein, die Kreuzwege des Lebens gehen wir immer ganz allein. Allein. Wir sind allein. Wir kommen und gehen allein." Trotzdem glauben wir als Christen, dass David recht hat, wenn er sagt: „Auch wenn ich wandere im Tal des Todesschattens, fürchte ich kein Unheil, denn du bist bei mir" (Psalm 23,4a).

*Du sorgst in deiner Güte
für den Elenden, Gott.*

Psalm 68,11b

GENÜGE

„Der HERR ist mein Hirte, mir wird nichts mangeln …" Diesen Vers aus dem 23. Psalm kennen wir auswendig, nicht wahr? Doch darf ich dich fragen: „Hast du jemals Mangel gehabt?" Wir würden Mangel leiden, wenn wir selbst oder andere unsere Hirten wären. Aber beim Herrn ist kein Mangel! Beim Herrn ist wirkliche Fülle. Er ist imstande, alle unsere Bedürfnisse zu stillen. Der Herr gibt überreichlich, mehr als wir ahnen und erbitten. Er gibt, was gut für mich ist – nicht mehr und nicht weniger –, auch wenn mein unzufriedenes Ich dabei demonstriert.

Hast du Mangel? Fehlt dir etwas? Bist du unzufrieden mit dir selbst oder mit deinem Leben? Lade deinen Mangel und all deine Not bei dem guten Hirten Jesus ab! Er hört dir zu, er umsorgt dich, denn er will dein Bestes. Größer als der Helfer ist die Not niemals. Das will ich heute durchbuchstabieren: „Mir wird nichts mangeln!"

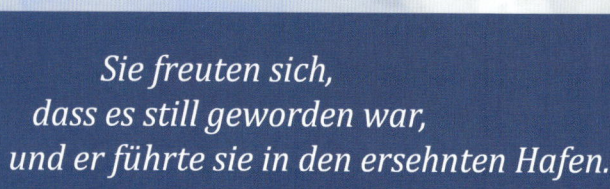

Sie freuten sich,
dass es still geworden war,
und er führte sie in den ersehnten Hafen.

Psalm 107,30

Rauchsignal

Der einzige Überlebende eines Schiffbruchs wird an eine kleine, unbewohnte Insel gespült. Erschöpft kann er sich aus Treibholz eine provisorische Hütte bauen, die ihn vor Hitze, Regen und Kälte schützen soll. Tag für Tag späht der verzweifelte Mann den Horizont nach Hilfe ab. Eines Tages sieht er in der Ferne Feuer und Qualm aufsteigen. Er rennt zu seiner Hütte. Das Schrecklichste, was ihm passieren konnte: Seine Hütte mitsamt seinen Vorräten – alles liegt in Schutt und Asche. Kummer und Zorn, Wut und Tränen lassen ihn die Worte herausschreien: „Gott – warum tust du mir das an?" Am nächsten Morgen wird er von dem Getöse einer Schiffssirene geweckt. Er ist gerettet. „Woher wusstet ihr, dass ich auf dieser Insel bin?", fragt er den Kapitän. „Wir sahen dein Rauchsignal."

Mutlosigkeit und Einsamkeit können uns verzweifeln lassen. Aber denke daran: Wenn deine kleine Hütte das nächste Mal abbrennt, dann kann es ein Signal sein, damit Gott dir in seiner gewaltigen Liebe entgegeneilt, um dich in seinen Palast der Sicherheit und Geborgenheit zu bringen.

GEKRÖNT

Siehst du die unsichtbaren Kronen? Die Kronen derer, die mit Gottes Gnade und Barmherzigkeit gekrönt sind? Du bist einer von denen, die sie tragen. Eine unsichtbare Krone ziert dein Haupt. Es ist die Krone des Sieges, den der Herr Jesus Christus für dich errungen hat. Manchmal spürst du den leichten Druck. Ein anderes Mal fühlst du Schwere, die wie ein Ring deinen Kopf umschließt. Doch eigentlich hast du dich an die Krone gewöhnt, du denkst nicht mehr daran, dass du gekrönt bist. Der hohe und erhabene Gott hat dir diese wunderbare funkelnde Krone als Zeichen deiner Gotteskindschaft aufgesetzt. Er hat dich damit einmalig und einzigartig geehrt. Freue dich darüber! Die Edelsteine Gnade und Barmherzigkeit sind unverdient und dürfen heute dein Leben prägen: in deinem Verhältnis zu Gott, deinem Vater, zu dir selbst und zu deinem Nächsten. Denke daran: Du bist gekrönt.

Da sagten die anderen Jünger zu ihm (Thomas):
Wir haben den Herrn gesehen.
Er aber sprach zu ihnen: Wenn ich nicht in seinen
Händen das Mal der Nägel sehe und
meine Finger in das Mal der Nägel lege und lege
meine Hand in seine Seite, so werde ich nicht glauben.

JOHANNES 20,25

NAGEL

Jetzt hat sie mich doch eingeholt. Ich bin nicht nur unglücklich ausgerutscht oder einfach gestolpert – nein, ich bin richtig gefallen. Es tut sehr weh. Am besten bleibe ich einfach liegen – im Dreck. Die Spritzer der Pfütze haben mich besudelt. Die Tränen benetzen meine Wangen. Es hat alles keinen Wert. Ja, ich bin nichts wert. Eigentlich wollte ich ihr doch vollkommen aus dem Weg gehen. Aber es hat mal wieder nicht geklappt. Der Sog war stärker – wie ein Magnet. Und jetzt bin ich tief gelandet in der Sünde.

Da ruft einer: „Wirf deine Sünde an die Nägel des Kreuzes. Lass sie dort hängen. Los, steh auf und wirf!"

Ist das möglich? Langsam erhebe ich mich, und dann packe ich den Ballast meiner schrecklichen Sünde und werfe ihn umständlich an das Kreuz. Tatsächlich, ich habe getroffen. Die Sünde bleibt am Nagel hängen. Ein Seufzer durchzieht mein Herz: „Danke, Herr Jesus!"

Dem dagegen, der nicht Werke tut,
sondern an den glaubt,
der den Gottlosen rechtfertigt,
wird sein Glaube zur Gerechtigkeit gerechnet.

RÖMER 4,5

AUSGLEICHSZAHLUNG

Der Mensch ist hoch verschuldet durch die Last seiner Sünde. Sie liegt wie ein großer Minusbetrag auf dem Girokonto seines Lebens. Du sagst vielleicht: „Ich habe aber auch gute Seiten", doch sie tilgen dir keine einzige Schuld. Das Zahlen der Kirchensteuer, deine Taufe, der Gottesdienstbesuch, dein regelmäßiges Bibellesen und das tägliche Beten – all das hilft dir beim Loswerden deiner Schuld nicht. Jeder Blick auf das persönliche Konto mit Geheimnummer ist gleich: Es ist kein Tilgungsbetrag eingegangen. „Gute Seiten" retten niemanden, sondern allein der Glaube rettet! Du musst glauben, dass dein Konto vollkommen überzogen ist und dass es keine Schuldtilgung durch deine „guten Seiten" geben kann. Du musst glauben, dass es einen Weg aus dem Minus zum Plus gibt. Du musst glauben, dass Gottes Tilgungsbetrag einen Namen hat: Jesus!

Weißt du, der Herr Jesus hat mit seinem Blut und Leben für mich bezahlt. Mein Konto wurde ausgeglichen. Ist das nicht großartig?!

... [richtet] euer Augenmerk
auf Jesus!

HEBRÄER 3,1*

BLICKRICHTUNG

Vielleicht brauchst du heute eine neue Blickrichtung. Dein Leben verläuft nicht so, wie du dir das alles vorgestellt hast. Du bist mutlos, unendlich traurig und verzweifelt. Dir fehlt ein Gegenüber. Du beginnst mit dir selbst zu reden. Unruhig stolperst du herum. Es trifft zu: Trauer sieht zurück. Aber der Nebel des Zurückblickens muss weichen, wenn du wieder nach vorne schaust. Jesus will dir Zukunft und Hoffnung geben. Leider stimmt es: Sorge schaut um sich. Es scheint so, als ob man aus dem Kreisel der Sorgen nicht mehr herauskommt. Doch es gibt eine Ausfahrt. Jesus will dir einen neuen Weg und eine wirkliche Perspektive schenken. Auch das ist wahr: Selbstmitleid blickt in sich. Wer nur mit sich und seiner kleinen Welt beschäftigt ist, verpasst das Leben. Jesus will dir helfen, dass du mutig und freudig von dir weg auf ihn blicken kannst. Lass es dir sagen: Glaube sieht nach oben. Der Glaube an Jesus trägt durch alle Schwierigkeiten hindurch. Vertraue ihm; er wird es in deinem Leben richtig ausführen.

*Mein ist das Silber
und mein ist das Gold,
spricht der HERR der Heerscharen.*

Haggai 2,8

GEBEFREUDIGKEIT

Sonntag. Gottesdienst in der Gemeinde. Während der Pastor predigt, erleidet eine ältere Dame einen Ohmachtsanfall und schlägt mit ihrem Kopf am Ende einer Bankreihe auf.

Sofort wird ein Krankenwagen gerufen. Nachdem die Sanitäter die Frau auf die Trage gelegt und angeschnallt haben, kommt sie wieder zu Bewusstsein. Sie blickt sich suchend nach ihrer Tochter um und winkt sie ganz nah zu sich heran. Alle denken, nun nimmt sie all ihre Kräfte zusammen, um einige bedeutsame Worte zu sagen, die vielleicht ihre letzten sein könnten. So beugt sich die Tochter vor und legt ihr Ohr an den Mund ihrer Mutter. Diese flüstert: „Mein Geld für die Kollekte ist in meiner Handtasche!"

Es beeindruckt mich, dass es solche Menschen gibt, denen es überaus wichtig ist, mit ihrem Geld die Arbeit im Reich Gottes zu unterstützen. Ja, und wenn der „Klingelbeutel" am Sonntag kommt, weiß ich genau, was ich tun werde, „denn einen fröhlichen Geber liebt Gott" (2. Korinther 9,7).

Wie unermesslich reich ist Gottes Weisheit, wie abgrundtief seine Erkenntnis! Wie unergründlich sind seine Entscheidungen, wie unerforschlich seine Wege!

RÖMER 11,33*

UNMÖGLICHKEIT

Vom Kirchenvater Augustinus wird berichtet, dass er eines Tages grübelnd am Meer entlangging. Dabei traf er einen kleinen Jungen, der ihn fragte: „Warum siehst du so nachdenklich aus?"

Augustinus antwortete im Vorbeigehen: „Ich versuche, Gott zu verstehen!"

Wenig später kam er wieder an derselben Stelle vorbei. Der Junge hatte mittlerweile ein Loch in den Sand gegraben und rannte mit einem Eimerchen immer wieder zum Meer, holte Wasser und schüttete es in das Loch, in dem es jedoch schnell versickerte. Augustinus beobachtete ihn eine Weile und fragte dann: „Warum tust du das?"

„Ich schöpfe das Meer leer", antwortete der Junge.

Daraufhin lachte der Kirchenvater und sagte: „Das gelingt dir nie und nimmer." Der Junge schaute ihn kurz an und sagte: „Das mag sein. Aber du willst Gott verstehen? Da probiere ich doch lieber, das Meer auszuschöpfen."

*Jesus aber wandte sich um
und sah sie nachfolgen und spricht zu ihnen:
Was sucht ihr? Sie aber sagten zu ihm:
Rabbi – was übersetzt heißt: Lehrer –,
wo hältst du dich auf?*

JOHANNES 1,38

LERNBEREITSCHAFT

Vor einigen Jahren kam ein berühmter Violinist nach New York. Er lud alle Geigenspieler ein, ihn aufzusuchen, um von ihm zu lernen, wie man den Bogen besser führt. Für zehn Minuten verlangte er zehn Dollar. Aber der Andrang war so groß, dass er sehr schnell den Preis auf hundert Dollar für zehn Minuten erhöhte. Viele Geigenspieler bezahlten den hohen Preis, weil dort ein Lehrer war, von dem sie wirklich etwas lernen konnten.

Der Herr Jesus ist ein noch viel größerer und gewaltigerer Lehrer. Er fordert keine Bezahlung, sondern er sucht unsere Aufmerksamkeit. Sein Lehrstoff ist einfach und anspruchsvoll zugleich. Eins seiner Angebote lautet: „Nehmt auf euch mein Joch, und lernt von mir! [...], denn mein Joch ist sanft, und meine Last ist leicht" (Matthäus 11,29–30).

*Denn wir alle müssen vor dem Richterstuhl
des Christus erscheinen.
Dann wird jeder bekommen,
was er verdient hat, je nachdem, ob er seinem
irdischen Körper Gutes oder Böses getan hat.*

2. KORINTHER 5,10*

PREISRICHTER

Manche Christen haben fürchterliche Angst, andere blättern beim Lesen des Bibelzitates schnell weiter, weil sie sich nicht mit dem „Gericht" belasten möchten. Die einen heben mahnend den Finger, die anderen winken ab und verharmlosen die ganze Angelegenheit.

Dennoch soll uns das folgende Lied ermutigen, „gelassen" in die Zukunft zu schauen:

1

Einmal wird der Zeitpunkt kommen,
wo ich Jesus werde sehn,
und ich werde ganz alleine
dort vor seinem Throne stehn.

Refrain
Aug in Auge werd ich schauen,
Jesus, in dein Angesicht,
wenn du mich dereinst wirst rufen
vor dein hohes Preisgericht.

2

Meine Meinung ist nicht wichtig,
wie ich andre Menschen seh.
Jesus wird mich danach fragen,
wie ich selber zu ihm steh.

3

Jetzt bin ich allein gefordert,
Rechenschaft zu geben ihm
über meine Lebensweise,
wer und wie ich wirklich bin.

4

Jesus, deine Augen sehen
alles, was in mir verkehrt.
Vor dir liegt mein ganzes Leben,
ja, auch das, was dich nicht ehrt.

5

Und so beugt sich meine Seele
tief vor deinem Richterthron
und empfängt dort still und staunend
den ihr zugedachten Lohn."

Text: Erik Junker; Melodie: A. Rose

Wisst ihr nicht, dass die, welche in der Rennbahn laufen, zwar alle laufen, aber einer den Preis empfängt? Lauft so, dass ihr ihn erlangt.

1. Korinther 9,24

LEBENSLAUF

Die Isthmischen Spiele werden im antiken Griechenland veranstaltet. Die Landesenge „Isthmus", die bei Korinth liegt, ist der ideale Ort für diese sportlichen Ereignisse. Eine der Hauptsensationen ist der „gymnische Agon", ein Ereignis, das aus Wettlauf, Ring- und Faustkampf besteht. Dieses lebendige Bild zeigt eindrücklich das Glaubensleben eines Christen. Der Christ empfängt sein ewiges Heil durch die Wiedergeburt. Er betritt als Sportler das Stadion seines Glaubenslebens und beginnt mit dem „gymnischen Agon". Er läuft seinen Lebenslauf – individuell und persönlich.

Paulus macht deutlich, dass man auch als Christ vergeblich laufen kann und damit am eigentlichen Lebensziel vorbeilebt. Authentisches Christsein ist nicht ein „Auf-der-Zuschauer-Bühne-Platz-Nehmen", sondern es ist ein Kampf in der Arena des Glaubens. Tag für Tag im Alltag gilt es, seinen Glaubenslebenslauf zu laufen. Trotz aller Anstrengung wird am Ende der Sieg gekrönt mit Freude und Zuversicht.

*Fürwahr, er trug unsere Krankheit
und lud auf sich unsre Schmerzen.*

JESAJA 53,4°

KRANK SEIN

Heute ist mir richtig übel. Ich gehe gebeugt. Der Schmerz durchzieht meinen ganzen Körper. Ich leide. Gestern war es doch noch viel besser, aber jetzt? Verzweiflung packt mich. In mir steigt die Bitterkeit hoch und der Schatten des Selbstmitleids zieht über mich her. Das will ich nicht, aber – was soll ich nur machen? Da! Was war das? Ich habe etwas gehört. Eine Stimme – meine eigene Stimme – tief in mir: „Bin ich Herr meiner Krankheit oder ist die Krankheit Herr über mich?", und: „Mein Herr Jesus hat meine Situation absolut unter Kontrolle!"

Ich weiß, das ist kein Allheilmittel, der Schmerz ist dennoch da – aber es geht mir wieder besser. Trotz allem will ich mich auf meinen Heiland Jesus Christus verlassen – auch heute.

Aber durch Gottes Gnade bin ich, was ich bin; und seine Gnade mir gegenüber ist nicht vergeblich gewesen.

1. Korinther 15,10

Gnadenverkündiger

Es war an einem heißen Nachmittag im Frühjahr 1952. Dr. Lewis Sperry Chafer, der Begründer des theologischen Seminars von Dallas/Texas, lehrte von seinem Rollstuhl aus. Am Ende der Vorlesung über die Gnade Gottes hätte man eine Nadel fallen hören können. Der weißhaarige alte Professor rollte seinen Stuhl zur Tür und dann brach plötzlich ein tosender Applaus los. Der beliebte Theologieprofessor wischte sich mit gesenktem Kopf die Tränen ab und hob die Hand, um Ruhe zu gebieten.

Eine letzte Bemerkung wollte er noch machen und sanftmütig lächelnd ließ er den Blick über den Hörsaal schweifen. In die atemlose Stille hinein sagte er leise: „Meine Herren, ich beschäftige mich nun schon ein halbes Leben lang mit diesem Thema und ich stehe erst am Anfang der Entdeckungsreise dessen, was die Gnade Gottes eigentlich beinhaltet." Drei Monate später begegnete dieser große Gnadenverkündiger im Alter vom 81 Jahren für immer seinem himmlischen, gnädigen Herrn. Bedenke: Allein seine Gnade genügt!

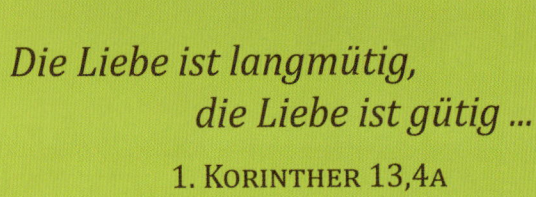

Die Liebe ist langmütig,
die Liebe ist gütig ...

1. Korinther 13,4a

Liebesgabe

„Die Liebe muss lieben, sonst stirbt sie. Sie muss geben, sonst wird sie arm." Diese Spruchweisheit kommt aus der Feder von Eva von Tiele-Winckler (1866–1930).

Sie stammte aus einem reichen, adeligen Elternhaus in Oberschlesien und hatte in jungen Jahren ihr Leben dem Herrn Jesus Christus anvertraut. Ihm galt ihre ganze Liebe und mit leidenschaftlicher Hingabe diente sie ihm. Ihre Heimat war durch die industrierevolutionäre Umwälzung in Armut und Not geraten. So schuf sie mit Unterstützung ihres Vaters den „Friedenshort", eine diakonische Einrichtung für Arme, Alte, Behinderte und Nichtsesshafte.

Außerdem gründete diese weise Frau eine Diakonissen-Schwesternschaft, die sich vorrangig um hilfsbedürftige Kinder kümmerte, um ihnen eine Heimat zu geben. Und auch mir gilt: Mein Leben soll ein Beweis der Liebe Christi sein. Sie kann meine kleine, unscheinbare Welt durchdringen und verändern.

*Alle aber umkleidet euch mit Demut
im Umgang miteinander!
Denn Gott widersteht den Hochmütigen,
den Demütigen aber gibt er Gnade.*

1. Petrus 5,5b

DEMUTSPRINZIP

Der bekannte chinesische Christ Watchman Nee machte es sich zum Prinzip, sich bei persönlichen Anfeindungen nicht zu rechtfertigen. Als er von einem Bruder der Veruntreuung von Geldern verdächtigt wurde, wehrte er sich nicht. Er erklärte dazu in einer schlichten Sachlichkeit: „Wenn ich beweise, dass ich Recht habe, würde ich damit beweisen, dass mein Bruder im Unrecht ist. Aber was für einen Vorteil hätte ich davon, wenn mein Bruder beschuldigt werden würde?"

Ob das nicht auch für uns eine gute innere Einstellung werden kann? Wir können sie uns wirklich durch die Hilfe des Herrn Jesus zu eigen machen und sie im praktischen Umgang mit anderen Menschen umsetzen. Wahre Demut wird von Gott und von Menschen geachtet. Hochmut aber wird uns immer zu Fall bringen.

Dient dem HERRN mit Freuden!

Psalm 100,2

DIENSTBEREITSCHAFT

Seit Tagen meldet sich eine leise Stimme in meinem Herzen: „Diene du dem Herrn!" – Ich? - Ich doch nicht! Das machen die Missionare auf den einsamen Inseln bei den primitiven Eingeborenen unter ganz viel Stress und Entbehrung. Ja, die dienen Gott. Aber ich hier in meiner zivilisierten Welt?

Neulich hat unsere Gemeinde eine Putzfrau gegen Bezahlung angestellt. Ich habe auch dafür gestimmt, obwohl die Worte des Predigers mein Inneres trafen, als er über den Vers sprach: „Dienet dem Herrn mit Freuden." Ich wusste ganz genau, dass ich putzen sollte, und in meiner regen Fantasie hatte ich schon einen Putz-Jahresplan fix und fertig, natürlich ohne Bezahlung. Und jetzt steht auch noch das Wort des Augustinus vor meinen Augen: „Wer zum Dienste Gottes herantritt, der wisse, dass er zur Kelterei gekommen ist. Er wird niedergetreten und zerstampft werden. Aber nicht, um in dieser Welt zugrunde zu gehen, sondern um in den Weinkeller Gottes zu fließen." Leise flüstere ich: „Gut gemacht, Herr, ich werde mit dem Ältesten reden."

Siegesehrungen

Für den Sportler der antiken Zeit galten detaillierte Diäten: Disziplin, Enthaltsamkeit und Selbstbeherrschung. Dies bezog sich vor allem auf bestimmte Nahrungsmittel, Alkohol und geschlechtlichen Verkehr. Radikal wurden diese Regeln durchgehalten, damit dem Körper Energie und Gelenkigkeit erhalten blieben und der Sieg in erreichbare Nähe rücken konnte. Diesen Entbehrungen standen die Aussichten der Siegesehrungen gegenüber. Das Augenmerk des Paulus richtet sich in diesem Bild nicht auf den Gegner, sondern auf sich selbst. Er ruft nicht zu einer besonderen Askese mit Selbstkasteiungen auf. Ihm liegt auch eine Leibfeindlichkeit fern. Paulus geht es um den „inneren" Menschen. Darin will er sich in Selbstbeherrschung und Enthaltsamkeit üben und zähmen. Authentisches Christsein zeigt sich tatsächlich auch darin, dass Selbstbeherrschung und Enthaltsamkeit nicht als Gesetzlichkeit praktiziert werden. Sie dürfen sichtbare Folge der Freiheit sein, die wir als Christen in Jesus Christus haben dürfen. Darum lohnt es sich zu kämpfen.

Gott, bleib doch nicht stumm!
Schweige nicht und tue etwas, Gott!

PSALM 83,2*

KOMMUNIKATIONS-ENTBEHRUNG

Wir können uns einen schweigenden Gott gar nicht vorstellen. Aber sogar Glaubenshelden in der Bibel mussten das erleben. Das Schweigen Gottes über einem Menschenleben ist furchtbar und kann sich am Ende doch noch als fruchtbar herausstellen. Das Schweigen Gottes über dem Leben seiner Kinder ist schrecklich – und doch kann es auch heilsam sein. Manchmal bestrafen Eltern ihre Kinder damit, dass sie stunden- oder gar tagelang schweigen. Wie Kinder das wohl empfinden? Schweigen ist eine Erziehungsmethode Gottes, ob wir das wahrhaben wollen oder nicht! Das Schweigen Gottes bedeutet aber nicht, dass Gott sich gänzlich zurückgezogen hat und uns unserem Schicksal überlässt. Wir werden immer noch von Gott gesehen, denn „seine Augen durchlaufen die ganze Erde" (vgl. 2. Chronik 16,9). Wir werden immer noch von Gott behütet, versorgt und umgeben. Auch durch sein Schweigen lässt er laut seine Liebe verkündigen.

[Wir] werden so verwandelt
in dasselbe Bild von Herrlichkeit zu
Herrlichkeit, wie es vom Herrn,
dem Geist, geschieht.

2. KORINTHER 3,18

GESTALTUNG

Pastor Ernst Modersohn besucht den Bildhauer Schmitt. Modersohn fragt: „Was wollen Sie denn mit dem Marmorblock machen?"

Schmitt antwortet in seiner originellen Weise: „Da sitzt 'ne Germania drin, bloß der Dreck muss weg." Mit seinem Künstlerauge sieht er schon die Gestalt. Zuerst kommen ganz plumpe Formen zum Vorschein. Sie werden allmählich immer deutlicher, bis man sie endlich gut erkennen kann.

Modersohn: „Nun sind Sie ja bald fertig:"

Schmitt: „Haben Sie 'ne Ahnung! Jetzt kommt die Hauptsache. Jetzt kommen erst die Feinheiten."

Modersohn: „Sagen Sie mal, Meister Schmitt, was machen Sie denn, wenn Sie mal etwas zu fest geschlagen haben und ein zu großes Stück heruntergesprungen ist?"

Schmitt: „Kommt nicht vor!"

Modersohn: „Nehmen wir mal an, es käme vor!"

Schmitt: „Kommt nicht vor!"

Modersohn: „Wenn es aber doch mal vorkommt?"

Schmitt: „Wie oft soll ich's Ihnen denn noch sagen? Kommt nicht vor!"

Das dürfen wir wissen: Wenn Gott uns in das Bild seines Sohnes umgestalten will, dann wird er dabei niemals einen Fehler machen. Wir brauchen uns nicht zu fürchten und leise hören wir es in unseren Herzen: *„Kommt nicht vor!"*

> *Heute, wenn ihr seine Stimme hört,*
> *verhärtet eure Herzen nicht ...*
>
> HEBRÄER 3,15

HEUTE

Ein großer jüdischer Rabbiner wird von seinem Schüler gefragt: „Rabbi, wann soll man zu dem lebendigen Gott umkehren?"

Der Rabbiner antwortet: „Einen Tag vor dem Tod."

„Und wie kann man wissen, wann man stirbt?"

„Darum kehre um, solange es heute ist", erklärt der Rabbi seinem Schüler.

In dieser Angelegenheit sind wir Experten, denn wir schieben die unschönen, lastenschweren Dinge schweißtreibend vor uns her. Längst hätten wir (wieder) ganze Sache mit Gott machen sollen, aber die Zeit läuft und läuft uns einfach davon. Bedenken wir: „Heute" bedeutet eigentlich: „jetzt" – in diesem Moment. Nicht irgendwann an diesem heutigen Tag oder später in der Nacht. „Jetzt" ist der Augenblick. Darum: „Lass fallen, was dich so beschwert, sei einer, der auf Jesus hört; mit ihm gewinnst du das Leben."

*Im Anfang schuf Gott
den Himmel und die Erde.*

1. Mose 1,1

Staunen

Der französische Astronom Baland sagte in einem Vortrag, dass er das ganze Universum mit seinem Teleskop durchforscht und nirgends Gott gefunden habe. Da stand einer seiner Zuhörer auf und konterte: „Und ich habe meine Uhr geöffnet und leider keinen Uhrmacher darin gefunden."

Vielleicht wäre jetzt die Gelegenheit, sich ein wenig zurückzulehnen und über die schöpferische Größe Gottes zu staunen:

Das Universum schuf Gott wunderbar genial,
schau dir den Himmel an, mit Sternen ohne Zahl,
spüre auf deiner Haut den warmen Sonnenstrahl
und dann überlege mal, du hast freie Wahl.
Denkst du groß von dir,
dann denkst du klein von Gott.
Denkst du groß von Gott,
dann denkst du klein von dir.
Denke groß von Gott!

Erik Junker

*Denn es sei auch, dass wir leben,
wir leben dem Herrn; und sei es, dass wir sterben,
wir sterben dem Herrn. Und sei es nun,
dass wir leben, sei es auch,
dass wir sterben, wir sind des Herrn.*

RÖMER 14,8

REGIERUNG

„Jesus shall reign!" – „Jesus wird regieren!" Diese Aussage eines Liedes spielte im Leben des Schotten Eric Liddell (1902–1945) eine entscheidende Rolle. Der tiefgläubige Christ weigerte sich 1924 bei den Olympischen Spielen in Paris den Vorlauf des 100-Meter-Rennens anzutreten, da dieser an einem Sonntag stattfinden sollte. Erstaunlich war, dass er das 400-Meter-Rennen gewann, obwohl seine Spezialdisziplin eigentlich der 100-Meter-Lauf war, und zwar mit einer Laufzeit von nur 47,6 Sekunden. Er lief damit einen neuen Weltrekord. Liddell wurde „der fliegende Pastor" genannt, weil er aus seiner christlichen Glaubensüberzeugung keinen Hehl machte. Trotz seines sportlichen Erfolges war es sein großes Lebensziel mit seiner Frau und den drei Töchtern an seiner Seite als Missionar in China zu arbeiten. Nach dem Ausbruch des Japanisch-Chinesischen Krieges wurde die Lage für Ausländer in China immer gefährlicher. Daraufhin reiste Liddells Familie 1941 nach Kanada aus. Er selbst blieb jedoch zurück, bis er in einem japanischen Internierungslager im Alter von nur 43 Jahren an einem Hirntumor starb.

Als Allan Wells, ebenfalls ein Schotte, im Jahr 1980 das olympische 100-Meter-Rennen gewann, widmete er Eric Liddell diesen Sieg. Doch größer als alle menschlichen Siege ist die tiefe Erfahrung und Überzeugung Liddells: „Jesus shall reign!" – „Jesus wird regieren!"

Wandelt im Geist!

GALATER 5,16

EINGENOMMEN

Die Trendfrage unter manchen Christen lautet sehr häufig: „Habe ich den Heiligen Geist?" Dabei bewegen sie sich nicht selten schwindelerregend in ihrem eigenen Glaubenskarussell, das mit ihrem realen Leben kaum oder wenig zu tun hat. Sie suchen und finden schließlich doch oft nicht das sensationelle „Klick", das sie sich erträumen. Wenn ich meinen Alltag mit seinen großen und kleinen Herausforderungen betrachte, möchte ich mich immer wieder selbstkritisch hinterfragen: „Hat der Heilige Geist mich?" Das ist das Entscheidende! Und so erlebe ich konkrete Impulse durch das Wirken des Heiligen Geistes, denen ich hoffentlich nachkommen werde. Mit E. L. Budry möchte ich beten:

Sieh, ich will, o Herr, du weißt,
wandeln nur nach deinem Geist.
Nichts soll seinem sanften Wehn
hemmend mehr im Wege stehn!
Nimm, o nimm, du allein,
bleibend, Herr, mein Herz doch ein.

*Wer an den Sohn glaubt,
hat ewiges Leben.*

JOHANNES 3,36

LOHNENSWERT

Was ist mein Leben wert? Gibt es überhaupt Leben, das es wert ist, „Leben" genannt zu werden? Mancher glaubt nicht mehr an das Leben. Mancher ist am Leben irre geworden. Mancher hat „sich das Leben genommen". Mancher ist am Leben verzweifelt. Soll das wirklich Leben sein – mehr Krankheit als Gesundheit, mehr Unglück als Glück, mehr Gleichgültigkeit als Liebe, mehr Trauer als Freude?

Es bleibt bei einem erstickten Aufschrei: „Nein, das ist kein Leben, es ist Qual!"

Doch das Leben ist gekommen, mitten hinein in eine kühle und gleichgültige, von der Sünde verdorbene Welt. Mitten hinein in Sinnlosigkeit und Resignation. Das Leben ist Jesus. Ein Leben mit Jesus lohnt sich, „denn durch den Tod seines Sohnes hat Gott uns ja schon versöhnt, als wir noch seine Feinde waren. Deshalb werden wir jetzt, nachdem wir versöhnt sind, erst recht durch die Kraft seines Lebens gerettet werden" (Römer 5,10; NeÜ).

*Als er [der Sohn] aber noch fern war,
sah ihn sein Vater und wurde innerlich bewegt
und lief hin und fiel ihm um seinen Hals
und küsste ihn.*

Lukas 15,20b

DENNOCH

„Frusta curris!", steht unter dem Gemälde. Der Betrachter erkennt einen Reiter im fliegenden Galopp. Aus den Nüstern des Pferdes kommt dampfender Atem. Der Reiter beugt sich nach vorn und macht sich klein. Sie werden verfolgt. Reiter und Pferd wissen es. Der Hornissenschwarm wird schnell Beute machen. „Frusta curris!" – „Du läufst umsonst!"

Gejagt werden will keiner, denn eingeholt und besiegt zu werden ist schlimm. Und doch erleben wir es immer und immer wieder. Vielleicht wirst du gerade heute gejagt – von deiner eigenen Vergangenheit, von deiner unvergebenen Schuld – und Verletzungen deiner Seele brechen erneut auf. Du machst dich ganz klein und hoffst, dass dieses Schreckgespenst verschwindet. Doch Gott, dein Vater, spricht dennoch sein „Dennoch!" Er hält für dich seine Arme offen, um dich zu umschließen und dir Sicherheit und Geborgenheit zu geben. Laufe zu deinem Vater – „Frusta curris!" gilt dir nicht, denn dein Vater läuft dir voll Liebe entgegen.

> *Wie ihr ja wisst, dass wir euch, und zwar jeden Einzelnen von euch, wie ein Vater seine Kinder ermahnt und getröstet und beschworen haben, des Gottes würdig zu wandeln, der euch zu seinem Reich und seiner Herrlichkeit beruft.*
>
> 1. THESSALONICHER 2,11–12

Heimkehr

Wie eine wunderschöne Einladungskarte bestaune ich diese beiden Bibelverse. Ich freue mich schon sehr auf den Tag, an dem Gott mich herzlich willkommen heißen wird in seiner ewigen Herrlichkeit. Welch eine Aussicht! Manchmal dauert mir das alles viel zu lange, und ab und zu fühle ich mich wie jener Missionar, der von seinem Missionsland Abschied nimmt.

Jahrzehnte hat er dort für den Herrn Jesus gewirkt. Jetzt befindet er sich auf der Rückreise in seine Heimat. Auf demselben Schiff reist auch der Präsident seines Vaterlandes mit. Als das Schiff endlich im Hafen einläuft, wird der Staatsmann von jubelnden Massen, einer Musikkapelle und wehenden Fahnen, einem roten Teppich und einem Meer voller blühender Blumen empfangen.

Als der ganze Rummel zu Ende geht, steigt der Missionar in seinem altmodischen, schlecht sitzenden Anzug und mit seinem kleinen, braunen Koffer voller Wehmut und Selbstmitleid die Stufen herunter. Keiner ist da, der den lang gedienten Streiter Christi erwartet. Kein Trompetenstoß heißt ihn willkommen. In seinem Herzen beginnt es zu wühlen. Er betet zu Gott: „Herr, und was ist mit mir?"

Plötzlich ist ihm, als ob Gott, sein Vater, zu ihm sagt: „Kind, du bist noch nicht zu Hause – in meiner ewigen Herrlichkeit. Warte! Das Schönste kommt noch. Lass dich überraschen!"

Aber der Herr ist treu.
Er wird euch stärken und vor dem
Bösen beschützen.

2. THESSALONICHER 3,3*

TREUE

„Es gibt nur eine Treue, das ist die Hundetreue", sinniert Hermann Löns. Tatsächlich ist so mancher neuerdings auf den Hund gekommen. Nichts gegen Tierliebe und Hundevereine, denn schließlich ist uns Treue ganz viel wert. Besonders im zwischenmenschlichen Bereich. Hier erleben wir aber auch ärgste und ärgerlichste Enttäuschungen. Bevor wir aber über das Täuschungsmanöver anderer nachdenken, sollten wir uns selbst ehrlich hinterfragen: Wen habe ich schon enttäuscht? Wer leidet wegen meiner Untreue? Diese Erkenntnis ist alles andere als rühmlich. Eines jedoch darf ich sicher wissen: Einer ist treu. Er enttäuscht nie. Selbst dann, wenn ich ihm untreu bin, bleibt er treu.

> *„Bleibend ist deine Treu, o Gott, mein Vater,*
> *Morgen für Morgen dein Sorgen ich seh.*
> *All meinen Mangel hast du mir gestillet,*
> *bleibend ist deine Treu, wo ich auch geh!"*

Thomas O. Chisholm

*Gott wird jede Träne
von ihren Augen abwischen.*

Offenbarung 7,17b*

GETROCKNET

Gott sieht und sammelt alle deine Tränen. Es sind Tränen der Traurigkeit, des Schmerzes, der Verzweiflung und der Einsamkeit. Auch deine Tränen des Kummers, der Wut, der Angst, der Buße oder der Reue sind Gott nicht verborgen. Gott achtet auf dich, als ob du sein einziges, weinendes Kind wärest, das sich beim Hinfallen das Knie aufgeschrammt hat. Jede Träne, die du weinst, wird er sehen, sie sammeln und dich trösten.

Eines Tages aber hört Gott auf zu sammeln. Es ist der Tag, an dem du von Angesicht zu Angesicht ihm gegenüberstehen wirst. Sei versichert: Die letzten Tränen, die du je weinst, werden Tränen des Glücks und der Freude sein, weil du ihn dann endlich siehst. Ohne Sammelkrug und mit seiner durchgrabenen Hand wird er deine letzten Tränen abwischen.

Abraham aber glaubte Gott,
und es wurde ihm zur Gerechtigkeit gerechnet,
und er wurde „Freund Gottes" genannt.

JAKOBUS 2,23

Herzliche
Einladung

Einladung

Abram wird ein Freund Gottes genannt. Das ist ein sehr hoher, wertvoller Adel. Gott selbst berief Abram, als er noch fern von ihm war. Doch Gottes Ruf an ihn geschah gewaltig, eindeutig und klar: „Mach dich auf!" Die wörtliche Bedeutung jedoch setzt den Akzent tiefer und persönlicher: „Gehe für dich!"

Gottes Rufen an dich ist eine ganz individuelle Einladung. Gott meint dich sehr persönlich. Auch wenn kein anderer es hört oder keiner dich begleitet, so gehe du für dich ganz allein! Folge dem Ruf deines Herrn ganz konkret – heute. Es kann ein einsamer und beschwerlicher Weg sein, doch tröste dich mit dem Wort des Herrn Jesus: „Ihr seid meine Freunde, wenn ihr tut, was ich euch gebiete" (Johannes 15,14). Darum: „Gehe für dich!"

Ihr dagegen werdet in Geist und Sinn erneuert.

EPHESER 4,23*

WACHSABDRUCK

Gott möchte uns zu Menschen machen, die den Abdruck seines Wesens tragen. Dazu gehört auch, dass wir unser Denken von ihm erneuern lassen. Vielleicht geht es dir manchmal so wie dem „Wachs". Höre seine Geschichte:

„Das begreife ich nicht", sagte das Wachs, als es an der Flamme zerschmolz und auf das darunterliegende Papier tropfte.

„Klage nicht!", erwiderte das Papier. „Sicher ist es so richtig."

„Noch nie hatte ich eine solche Todesangst", rief das Wachs, das immer noch auf das Papier träufelte.

„Das geschieht nicht ohne Absicht und wird darum gut enden", sagte das Papier beruhigend.

Das Wachs konnte nicht gleich antworten, aber als es aufschaute, trug es ein wunderbares Zeichen, dass das Siegel auf ihm hinterlassen hatte.

„Ach, jetzt begreife ich!", rief das Wachs nun ohne Wehleidigkeit. „Ich wurde nur deshalb zum Schmelzen gebracht, um für immer diesen wunderbaren Abdruck zu empfangen."

Oft müssen und dürfen wir unter Schmerzen und Angst „schmelzen", damit Gott uns nach seinem großartigen Plan einsetzen kann, um in unserem Lebensumfeld Zeichen der Liebe und Treue Gottes zu setzen. Lasst uns geduldig das Ende eines jeden Veränderungsprozesses abwarten! Es lohnt sich.

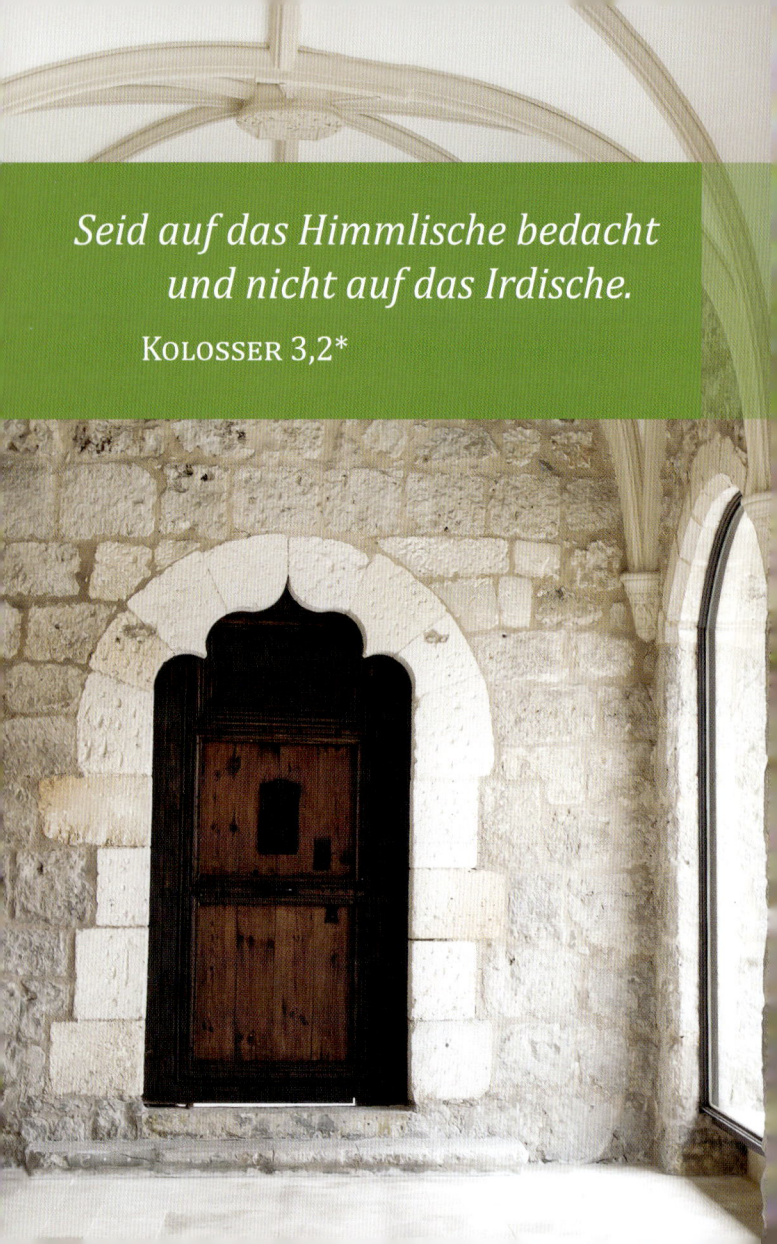

*Seid auf das Himmlische bedacht
und nicht auf das Irdische.*

KOLOSSER 3,2*

UNTERWEGS

Man erzählt sich folgende Geschichte: „Ein Wanderer klopft müde und hungrig zu später Stunde an das Tor eines Klosters der Kartäusermönche. Er bekommt die Erlaubnis, in einer Mönchszelle zu übernachten. Überrascht und verwundert über die spartanische Einrichtung ihrer Zellen kann er sich die Frage nicht verkneifen: „Wo habt ihr denn eure Möbel?"

Schlagfertig antwortet der Mönch: „Ja, wo haben Sie denn Ihre?"

„Meine?", erwidert darauf der Wanderer verblüfft. „Ich bin ja nur auf der Durchreise hier!"

„Eben", entgegnet der Mönch „das sind wir auch."

Dass diese Welt nicht unsere wirkliche Heimat ist, glauben wir als Christen von Herzen. Doch entdecken wir fairerweise auch, dass wir uns auf dieser Erde doch ganz schön häuslich niederlassen. Manches Mal leben wir in der Tat so, als ob wir für immer hier bleiben wollten.

Vielleicht ist es gut, wenn wir uns immer wieder an die Worte des Paulus an die Christen in Kolossä erinnern: „Trachtet nach dem, was droben ist, nicht nach dem was auf Erden ist" (Kolosser 3,2). Dabei geht es nicht zuerst um die Schönheit der himmlischen Wohnungen und das Aussehen des neuen Jerusalem, sondern um das Bestaunen der Erhabenheit des Herrn Jesus Christus.

Erik Junker

Vor Anker gehen

Impulse, die im Alltag Halt geben

Vor Anker gehen – zur Ruhe kommen und sich besinnen auf das, was im Alltag Halt gibt. Dabei bieten die Impulse in diesem Buch Hilfe: 52 kurzweilige Texte zum jeweils vorangestellten Bibelvers, die sich zur persönlichen Lektüre, zum Vorlesen oder zur Illustration in Predigten eignen.

Gebunden, vierfarbig, 128 Seiten
Best.-Nr.: 271.105
ISBN 978-3-86353-105-8

Manfred Paul

Im Aufwind leben

365 Andachten –
ermutigend, tröstend, erfrischend

Mit tiefem Einfühlungsvermögen und einer lebendigen, bildreichen Sprache bekommt der Gläubige Mut und Trost zugesprochen. Manfred Paul geht es darum, Herz und Sinn des Lesers direkt zum Vater und zum Sohn zu lenken.

Gebunden, 512 Seiten
Best.-Nr.: 273.429
ISBN 978-3-89436-429-8

Quellenangaben

Lied auf S. 71 f. (Herr, wir loben deine Gnade): Glaubenslieder 244